El cuerpo está cubierto por una capa elástica e impermeable: la **piel**.

Si pasamos calor, el cuerpo suda para enfriarse.

Las **uñas** protegen las puntas de los dedos.

Los **ojos** reconocen
10 MILLONES
de colores diferentes.

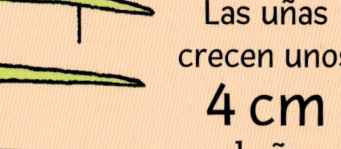

Las uñas crecen unos **4 cm** al año.

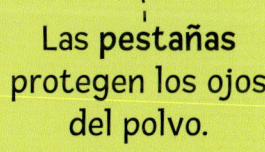

Las **pestañas** protegen los ojos del polvo.

Los **oídos** captan sonidos, detectan de dónde vienen y nos ayudan a mantener el equilibrio.

Los **párpados**
SE CIERRAN
15
veces por minuto
para mantener los ojos siempre húmedos.

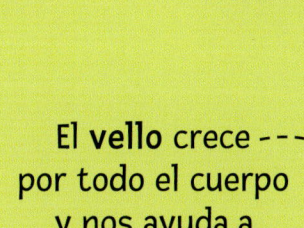
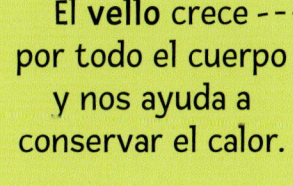

El **vello** crece por todo el cuerpo y nos ayuda a conservar el calor.

La **nariz** está hecha de un material flexible y muy resistente, llamado cartílago.

En la cabeza tenemos alrededor de 100.000 **pelos** que la protegen de los rayos dañinos del sol.

Los huesos

El esqueleto es una estructura de huesos que soporta el peso del cuerpo y le da forma. Algunos huesos nos ayudan a movernos y otros protegen nuestros órganos vitales.

2 huesos en cada PULGAR

Y

3 huesos en el resto de los DEDOS.

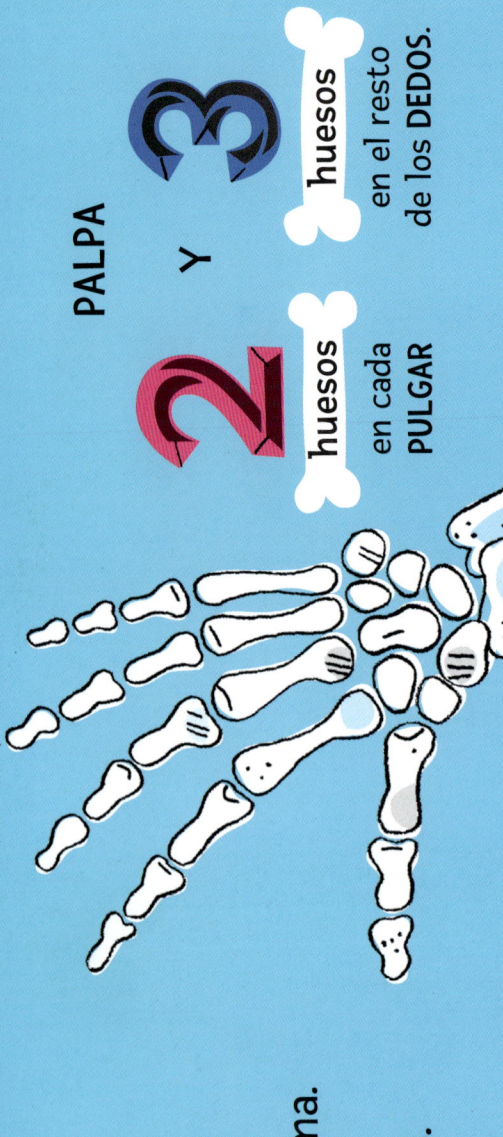

Radio y cúbito

Codo

El lugar donde se unen dos o más huesos se llama **articulación**.

El **codo** es como la bisagra de una puerta.

El **hombro** es una articulación esférica, de tipo "bola y cavidad".

Cavidad

Bola

El **cráneo** es como un casco que protege el cerebro.

Cráneo

Tócate el cráneo y nota lo duro que es.

Mandíbula

Los ojos se encuentran en dos agujeros o cuencas.

Cada hueso o grupo de huesos tiene una forma muy específica.

Cráneo

Costillas

Fémur

Mandíbula inferior

Sin huesos, nuestro cuerpo se desparramaría.

La mandíbula es el único hueso móvil del cráneo. Nos permite hablar, cantar y comer.

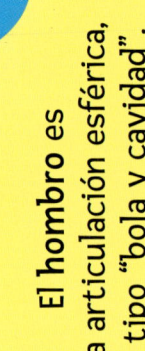

RAYOS X

¿De qué estamos hechos?

Tu cuerpo está formado por muchas partes distintas: huesos, sangre, músculos, nervios y piel. Entre todas forman una maquinaria casi perfecta.

Unos tubitos llamados **vasos sanguíneos** llevan la sangre por todo el cuerpo.

El conjunto de los **huesos** forma una estructura sólida llamada **esqueleto**.

Una capa de **músculos** recubre todos los huesos.

Corazón

Vasos sanguíneos

Además de proteger los órganos, los huesos producen la sangre.

Cerebro

Nervios

Pulmones

Hígado

Estómago

Intestino delgado

Intestino grueso

Tenemos una red de **nervios** que llevan a gran velocidad los mensajes que intercambia el cerebro con el resto del cuerpo.

Dentro del cuerpo están los **órganos**, como el estómago o el hígado. Cada uno tiene una función muy concreta.

USBORNE

EL GRAN LIBRO DEL CUERPO HUMANO

Texto: Minna Lacey

Ilustraciones: Peter Alle

Diseño: Zuzanna Bukala

Asesoramiento experto: Dra. Kristina Routh

Traducción: Antonio Navarro Gosálvez

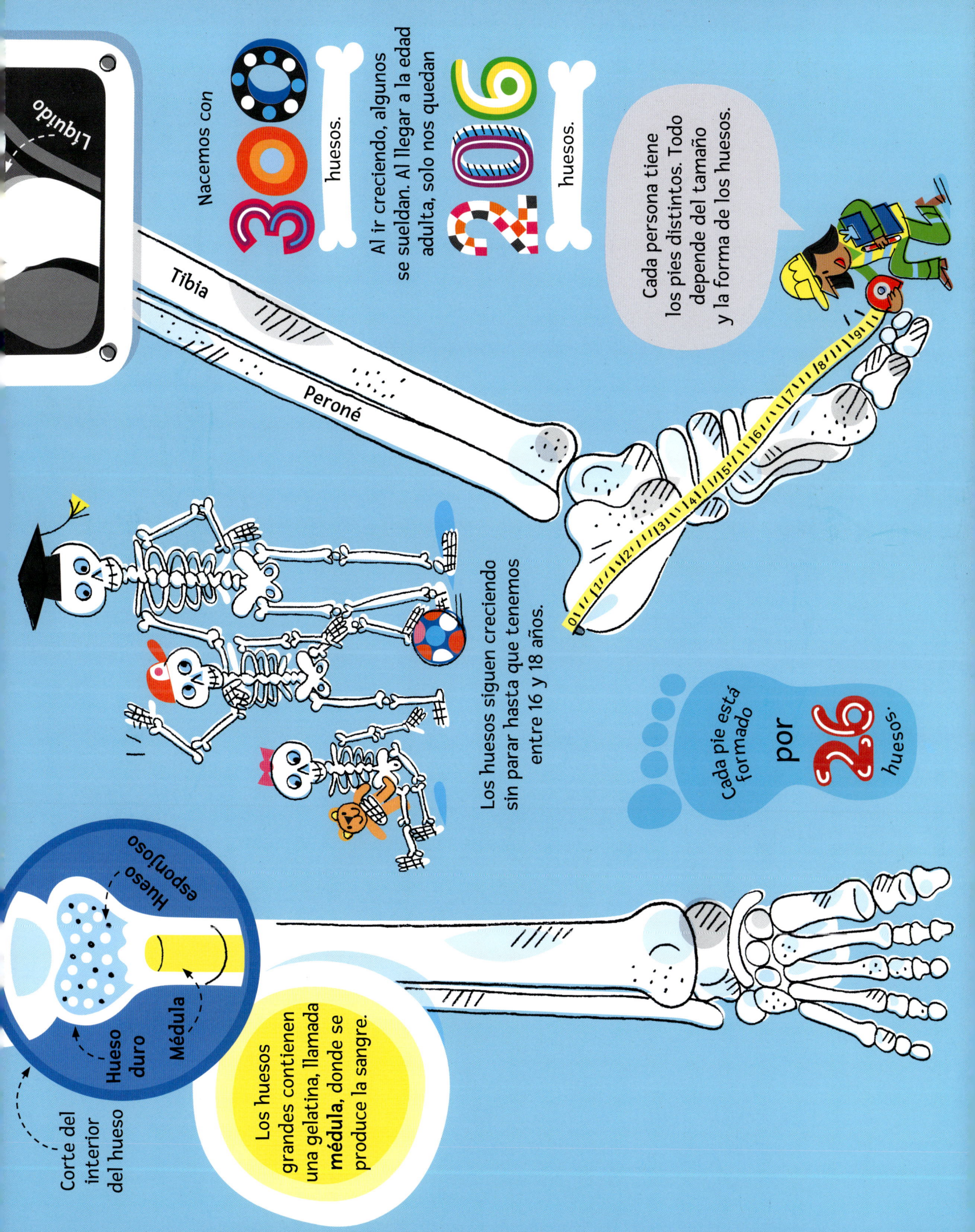

Los músculos

Los músculos son fibras fuertes y elásticas que tiran de las distintas partes del cuerpo. Algunos están unidos a los huesos y sirven para movernos. Otros hacen que funcionen órganos como el corazón.

Los distintos músculos de la cara nos ayudan a expresar...

alegría

miedo

sorpresa

duda

tristeza

enfado

Utilizamos **12** MÚSCULOS de la cara para **SONREÍR.**

El masetero es uno de los músculos más fuertes del cuerpo y sirve para masticar.

Necesitamos nada menos que seis músculos para mover los ojos en todas direcciones.

Al estornudar, los músculos de la cara, la garganta y el pecho reaccionan a la vez para despejar la nariz.

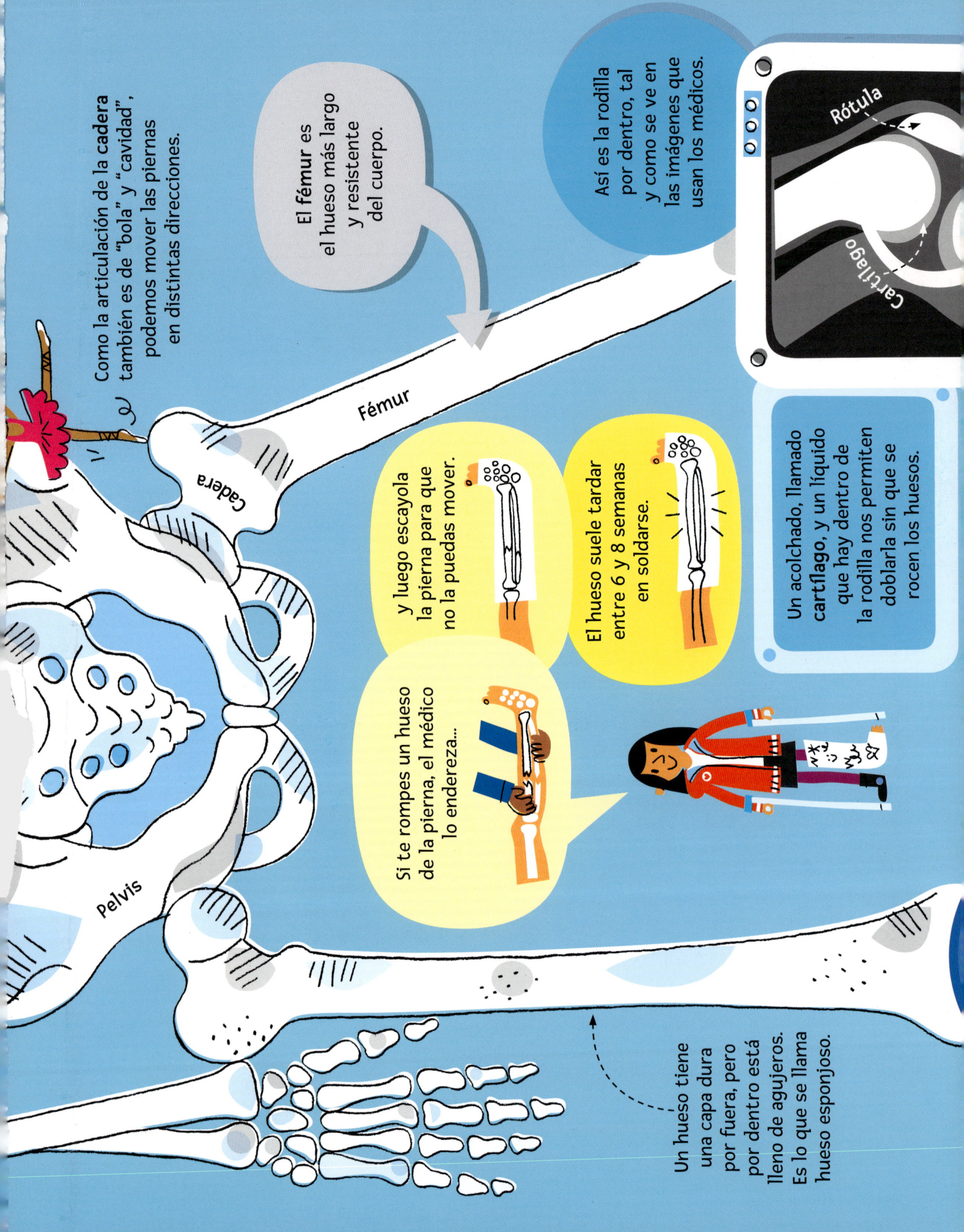

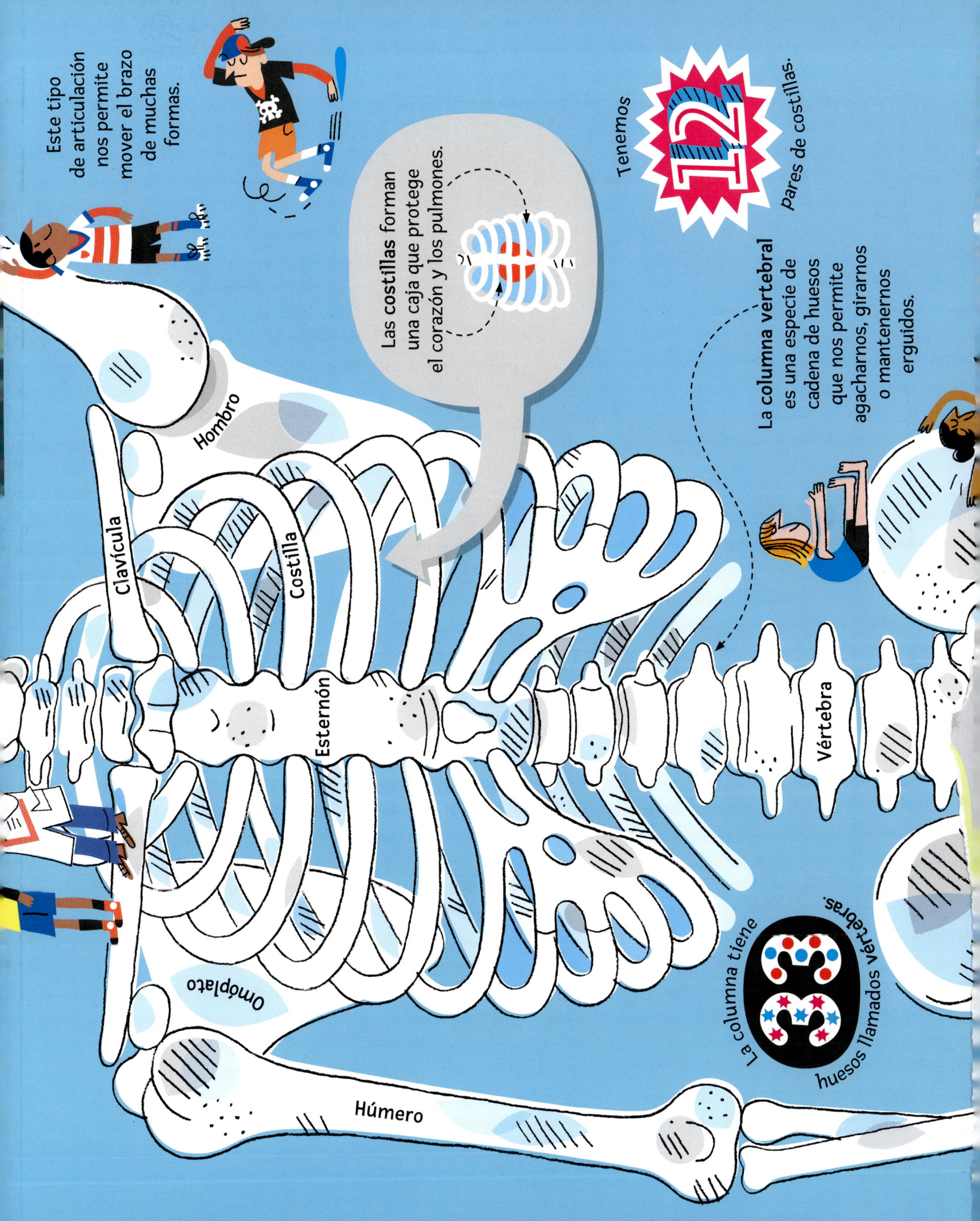

Este tipo de articulación nos permite mover el brazo de muchas formas.

Las costillas forman una caja que protege el corazón y los pulmones.

Tenemos **12** pares de costillas.

La columna vertebral es una especie de cadena de huesos que nos permite agacharnos, girarnos o mantenernos erguidos.

Hombro

Clavícula

Costilla

Esternón

Omóplato

Húmero

Vértebra

La columna tiene **33** huesos llamados vértebras.

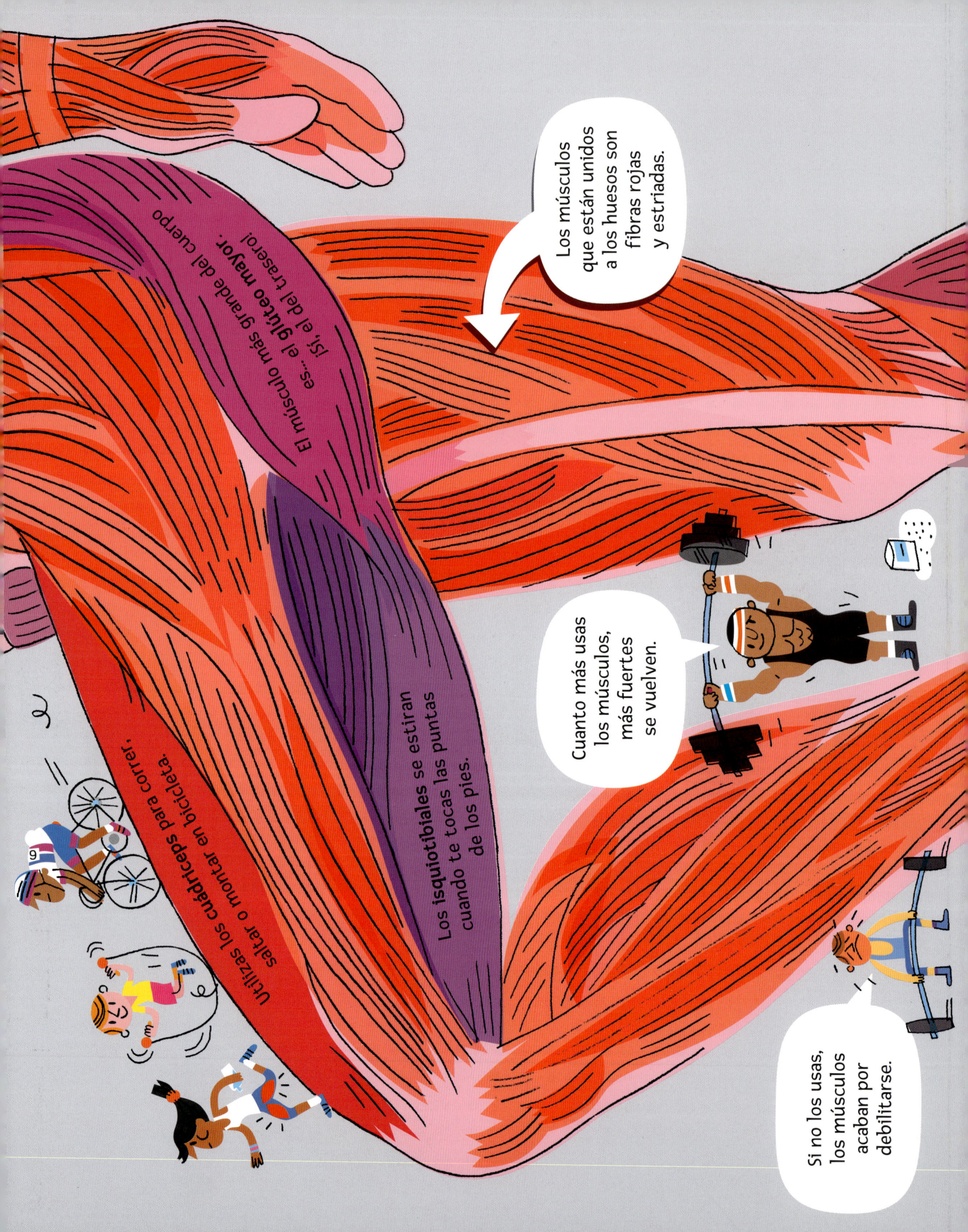

Si te pones de puntillas, notarás que los **gemelos** se tensan.

Gemelo

Un desgarro leve puede tardar de 3 a 6 semanas en curarse.

Si estiras demasiado un músculo, puede llegar a desgarrarse.

Tendón

Tobillo

Los **tendones** son una especie de cordones que unen los músculos a los huesos.

Si llevas una dieta equilibrada con fruta, verduras, lácteos y carne o pescado, los músculos funcionan mejor.

Tienes alrededor de

650

MÚSCULOS

que te ayudan a mover el cuerpo.

La respiración

Cuando tomamos aire, los pulmones se llenan de un gas llamado oxígeno que necesitamos para vivir.

Hay **oxígeno** en el aire, pero también en todas las partes del cuerpo.

Músculos

Huesos

Dientes

Sangre

Las plantas y los animales necesitan oxígeno para vivir y crecer.

Al estar formados por muchos tubitos llenos de aire, los **pulmones** son esponjosos.

Pulmón derecho

Un músculo grande, llamado **diafragma**, nos ayuda a respirar.

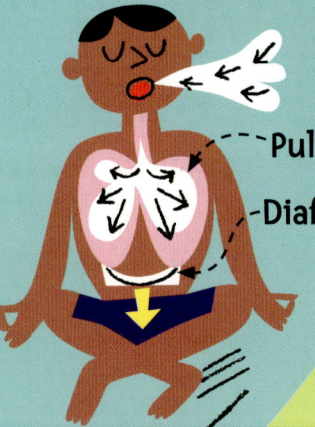

Pulmones

Diafragma

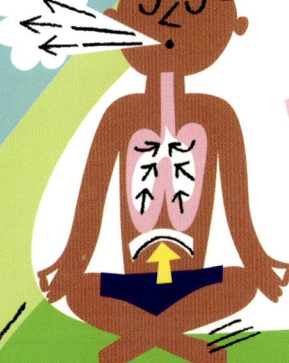

El pulmón izquierdo es algo más pequeño, porque tiene que dejar espacio para el corazón.

El diafragma baja para dejar que el aire entre en los pulmones.

Después, el diafragma sube para que el aire salga del cuerpo.

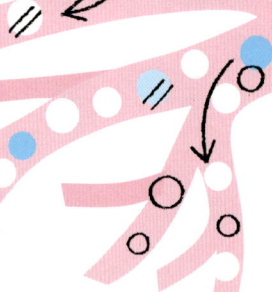

Diafragma

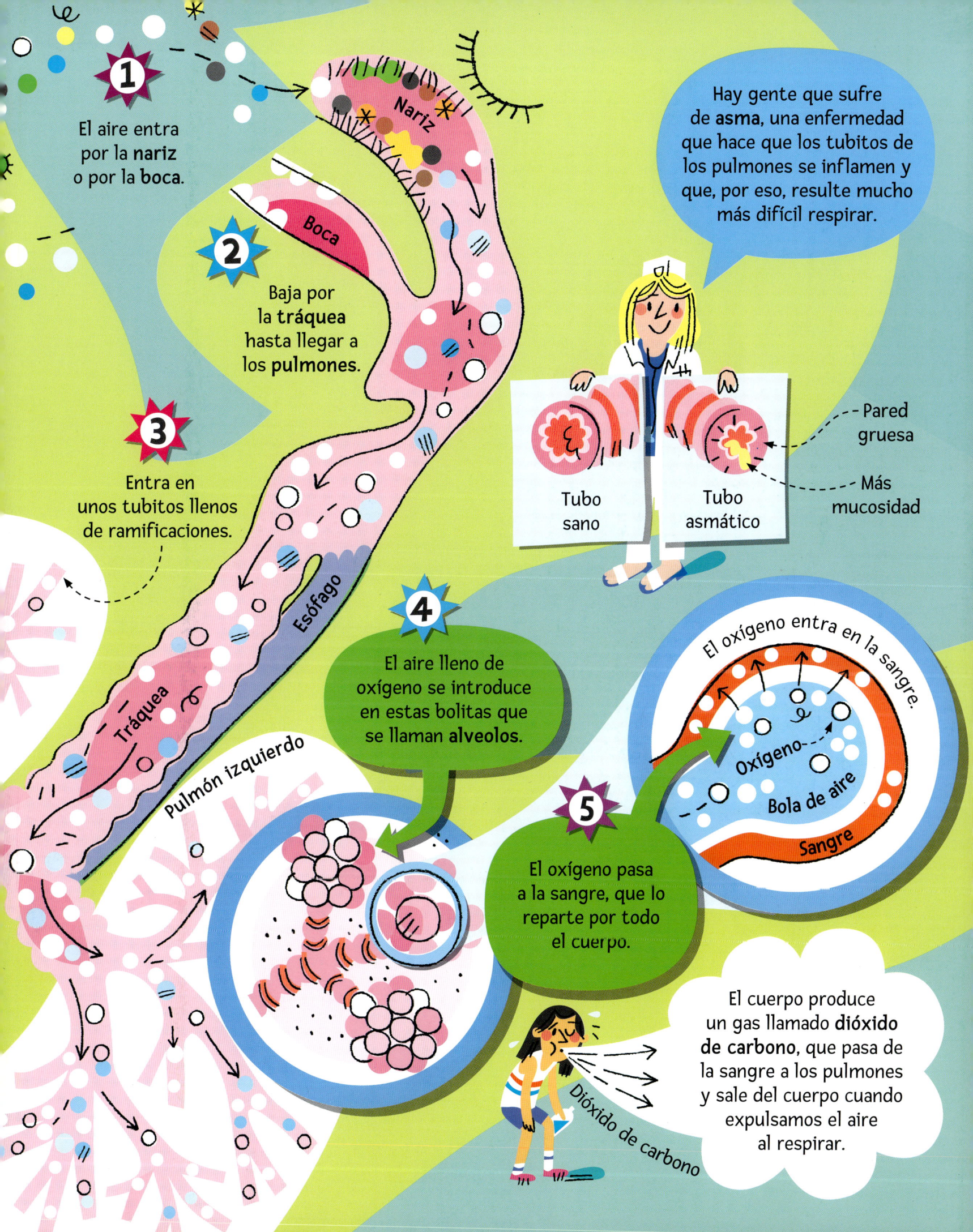

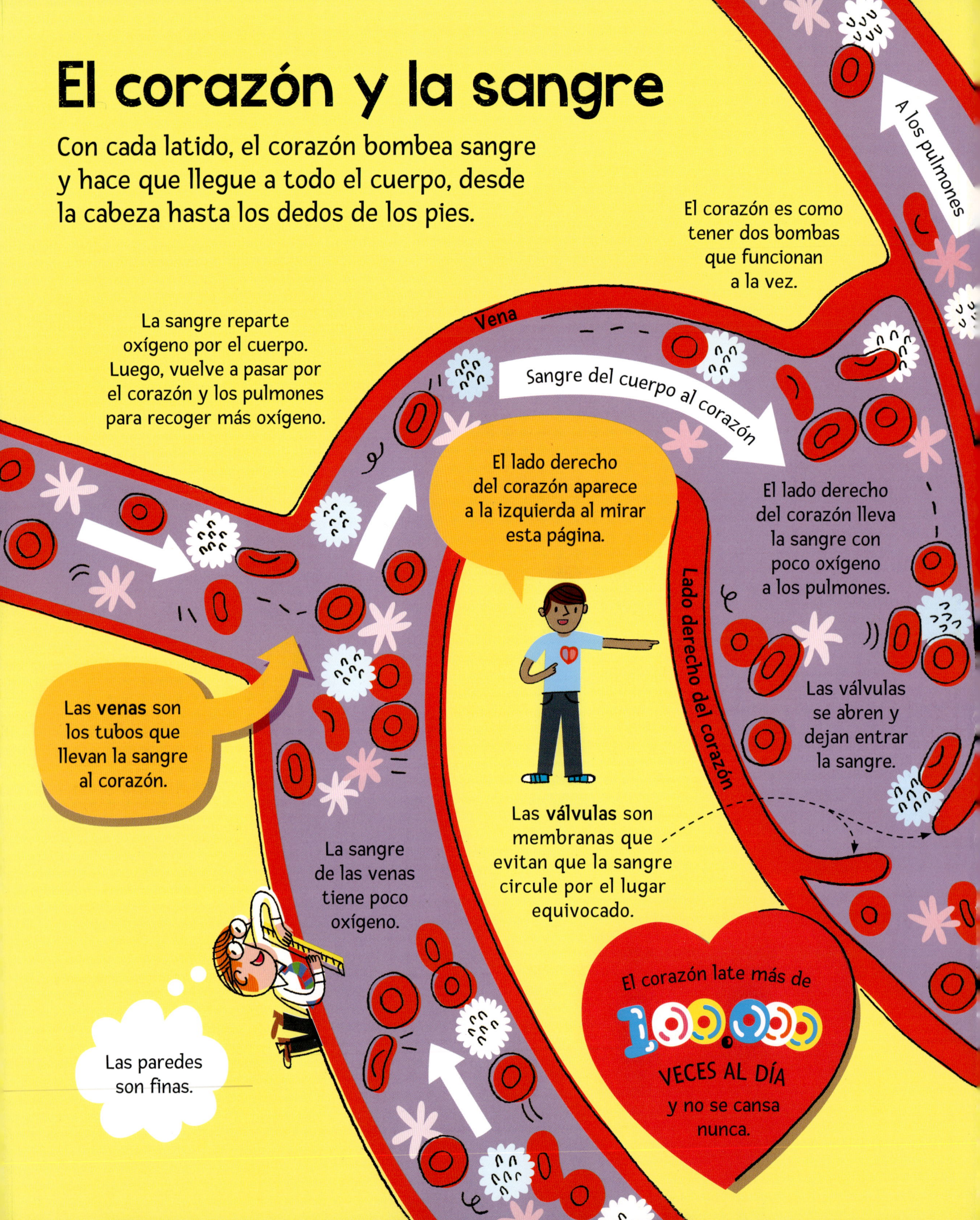

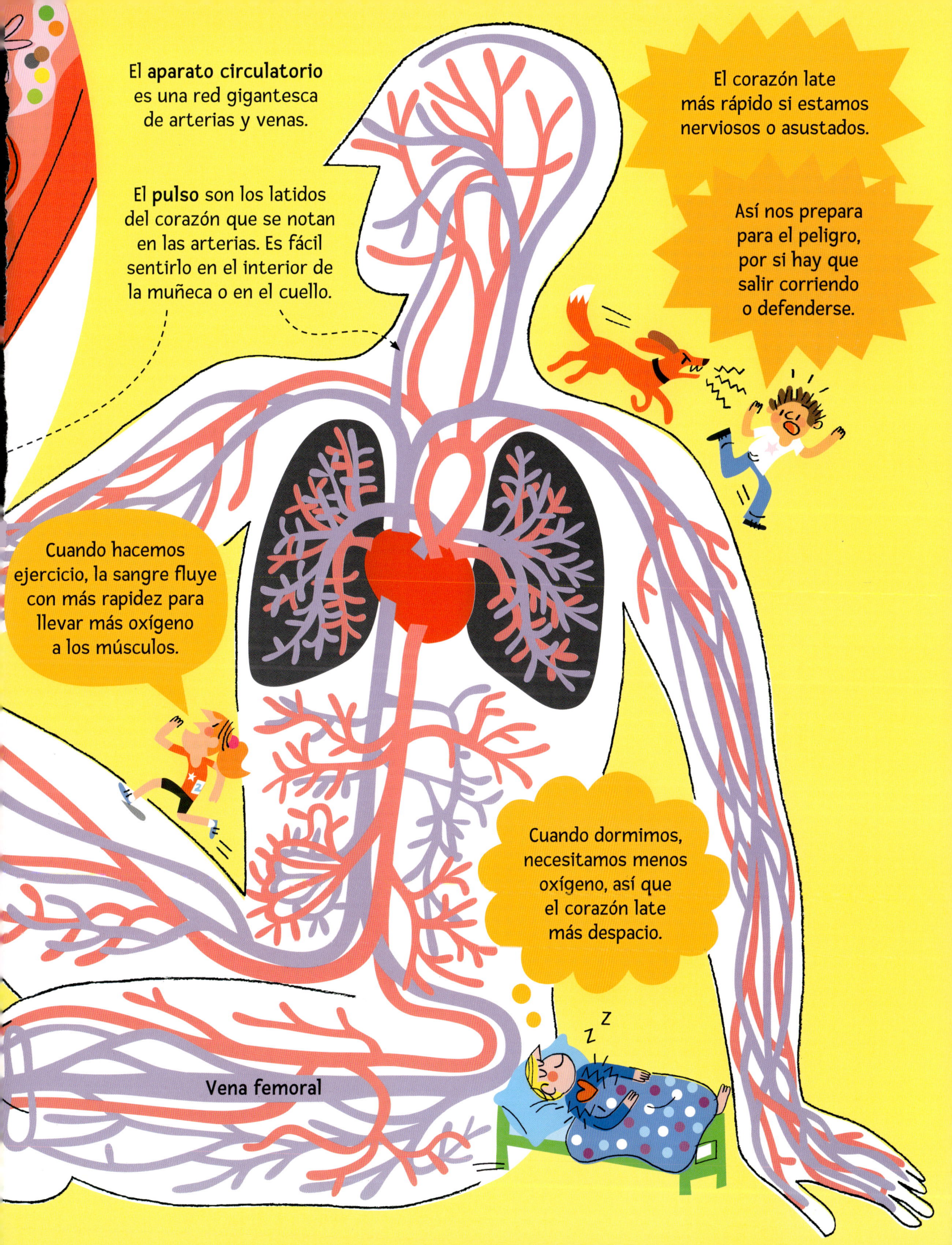

¿Adónde va lo que comemos?

Los alimentos hacen un viaje larguísimo por el aparato digestivo durante el que se convierten en una especie de puré del que el cuerpo extrae lo que necesita.

Los distintos alimentos nos aportan energía para crecer y estar sanos.

Comer de todo ayuda a que nos sintamos bien y a que tengamos mejor aspecto.

Una comida copiosa puede tardar **3** DÍAS en atravesar el cuerpo.

La saliva empieza a disolver la comida para que sea más fácil de tragar.

La lengua empuja los alimentos hacia la garganta.

1 Los dientes cortan, trituran y mastican la comida.

El alimento masticado, o **bolo alimenticio**, baja por el esófago hasta el estómago.

La comida tarda **5-10 SEGUNDOS** en llegar al estómago.

Estos músculos cierran la boca del **estómago**, para que los ácidos y la comida no suban por el **esófago**.

Esófago

Tráquea

La **epiglotis** impide que los restos de comida caigan por la **tráquea**.

Si entra en la **tráquea** algo líquido o sólido, el cuerpo reacciona tosiendo para forzarlo a salir.

Estos músculos crean un movimiento de ondulación que hace que el bolo alimenticio baje hacia el estómago.

La comida o bebida muy azucarada daña los dientes. Un buen cepillado elimina el azúcar y limpia los dientes.

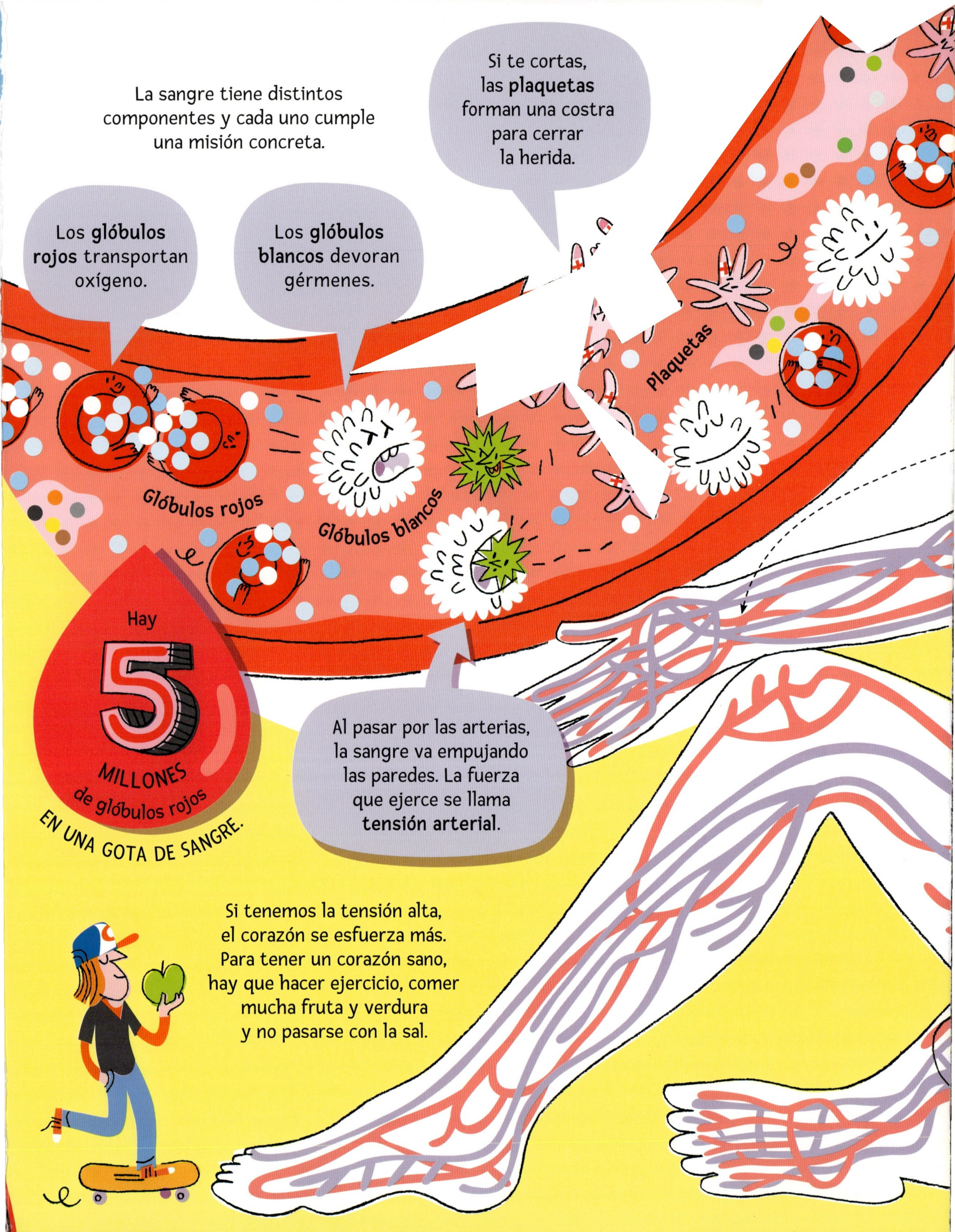

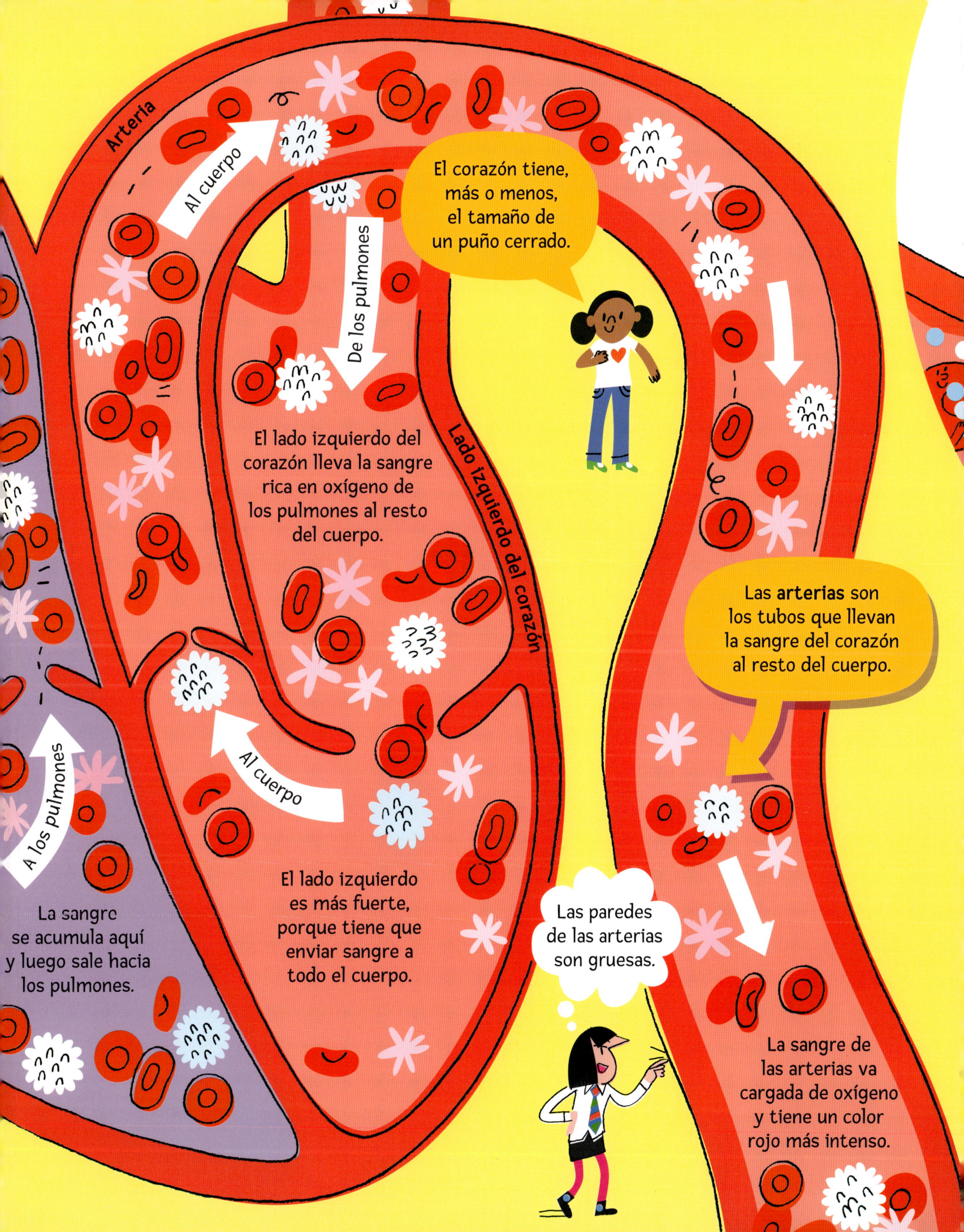

El centro de control

El cerebro controla casi todo lo que hacemos. Su labor consiste en enviar y recibir mensajes, lo que nos permite pensar, movernos y sentir lo que sucede en nuestro entorno.

En esta imagen vemos el lado izquierdo del cerebro.

Cada región del cerebro controla una actividad diferente. En este dibujo, todas las regiones están coloreadas para que puedas distinguirlas.

Tacto

Movimiento

Movimiento complejo

Gusto

Habla

Olfato

Pensamiento

Memoria y emociones

Líquido

Cráneo

El cerebro no descansa nunca. ¡Ni cuando duermes!

El cerebro está protegido por el cráneo, tres capas de tejido y otra de líquido.

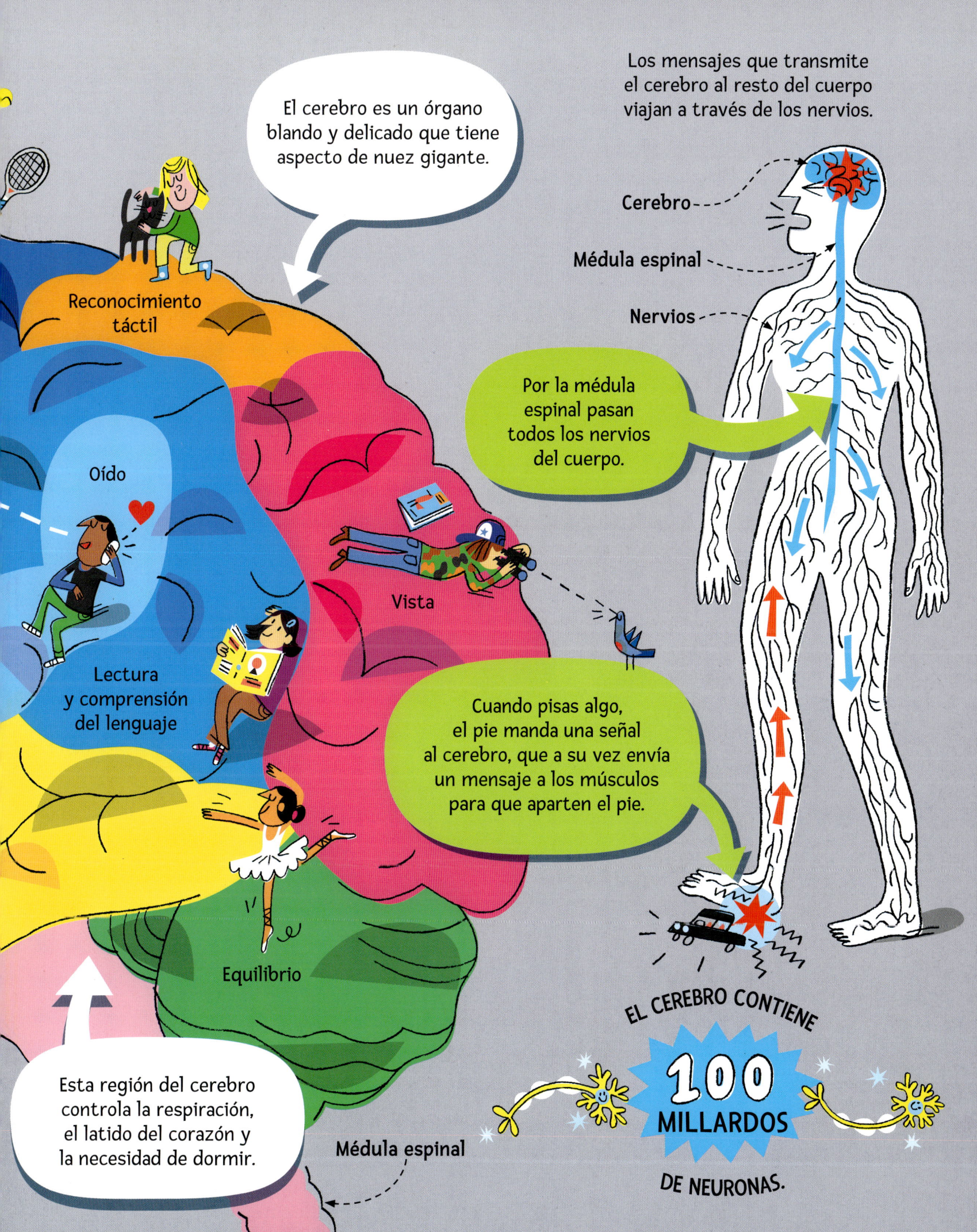

Los sentidos

Los cinco sentidos (la vista, el oído, el olfato, el gusto y el tacto) envían directamente al cerebro información sobre nuestro entorno.

El tacto

La **piel** contiene millones de receptores del tacto que envían señales al cerebro.

Los receptores detectan si algo está caliente o frío, o si produce dolor.

El olfato

Los olores son sustancias químicas que emiten objetos como las flores, el queso o los calcetines sucios.

Entran en la nariz con el aire que respiras.

El olfato tiene "buena memoria" y a veces nos hace recordar cosas.

Pelillos

Los olores llegan a unos pelillos de la nariz, que envían mensajes al cerebro.

El gusto

La lengua está cubierta de unos bultitos con sensores llamados **papilas gustativas**.

La lengua detecta cuatro sabores básicos: dulce, salado, ácido y amargo.

El gusto evita que comamos alimentos en mal estado.

El dolor sirve para avisarnos de que algo no va bien. Cuando nos hacemos daño, el dolor nos obliga a parar y buscar ayuda.

El oído

Los oídos captan miles de sonidos, desde el murmullo de las hojas secas hasta el sonido de una guitarra, pasando por el canto de un búho.

El sonido viaja por el aire en forma de ondas.

Uuu
Uuu

Risss
Rasss

Clin
Clan

El sonido atraviesa una membrana llamada **tímpano** y llega a tres huesecillos y un tubito en forma de caracol...

Tímpano

Cóclea

Huesecillos

desde donde se envían señales al cerebro.

La vista

Vemos las cosas porque la luz las ilumina, rebota en ellas y luego entra en los ojos.

La luz entra en el ojo por la **pupila**, pasa por una lente llamada **cristalino** y se refleja en la parte posterior...,

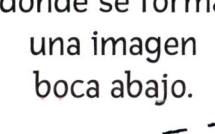

donde se forma una imagen boca abajo.

El cerebro se encarga de dar la vuelta a la imagen.

Cerebro

Rayos de luz

Pupila

Cristalino

Las pupilas son los puntitos negros de los ojos. Se abren y se cierran para que entre más o menos luz.

Dilatadas

Contraídas

Si las lentes de los ojos no funcionan bien, es posible corregir la vista con unas gafas.

El inicio de la vida

Un ser humano tarda nueve meses en desarrollarse en el vientre de su madre. Después del nacimiento, los niños cambian mucho hasta que se hacen adultos.

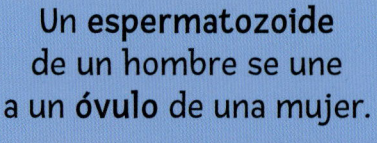

Un **espermatozoide** de un hombre se une a un **óvulo** de una mujer.

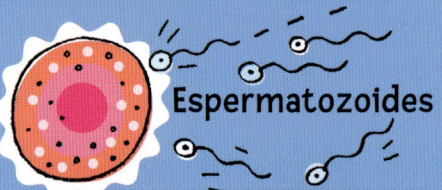

Espermatozoides

Óvulo

El bebé crece dentro de una bolsa de líquido y obtiene alimento y oxígeno de la madre por el **cordón umbilical**.

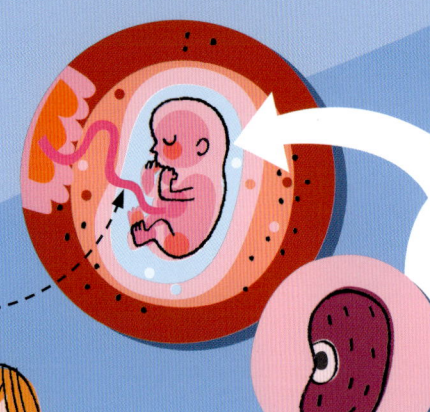

A los dos meses, tiene el tamaño y la forma de una alubia.

El bebé empieza a crecer dentro del **útero materno**.

Útero

A los seis meses, el bebé empieza a bostezar, a dar pataditas y a oír sonidos del exterior.

A los nueve meses, el bebé nace y luego sigue creciendo muy rápido.

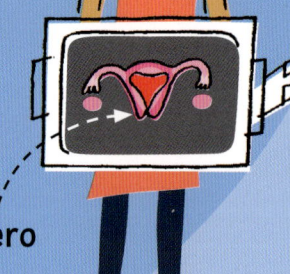

Los bebés suelen nacer sin dientes.

A los seis meses, salen los dientes de leche.

A partir de los seis años, los dientes de leche se van cayendo y salen los 32 dientes que tienen los adultos.

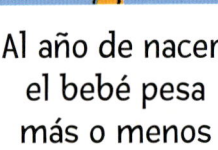

Al año de nacer, el bebé pesa más o menos

3

veces lo que pesaba.

Los niños crecen y cambian hasta que se hacen adultos.

Datos asombrosos

El hombre más alto del mundo medía

2,72 m
DE ALTURA.

El hombre más bajito del mundo medía

54,6 cm
DE ALTURA.

Es posible operar el cerebro mientras el paciente está totalmente despierto.

Como en el cerebro no hay sensores de dolor, el paciente no lo nota.

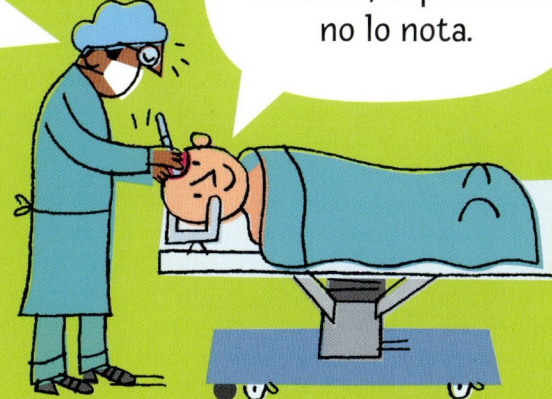

El cuerpo humano es

AGUA en un **70** por ciento.

Existen más de

100.000 kilómetros de vasos sanguíneos en un ser humano.

Si se unieran todos, darían la vuelta al mundo dos veces.

Los astronautas crecen en el espacio...

porque, sin la gravedad de la Tierra, aumenta la distancia entre las vértebras de la columna.

Las uñas de las manos crecen

3

veces más que las de los pies.

La mayor parte del polvo de las casas se compone de escamas de piel muerta.

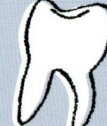
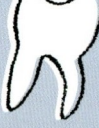

Responde a estas preguntas para demostrar lo que has aprendido.

Las respuestas se encuentran en las páginas de este libro.

Preguntas

1. ¿Cuántos huesos tenemos en cada pie?

2. ¿Cuántos huesos tiene el cuerpo de un adulto?

3. ¿Cuál es el músculo más grande del cuerpo?

4. ¿Qué gas extraemos del aire a través de los pulmones?

5. ¿Qué lado del corazón es más fuerte?

6. ¿Cuáles son los cinco sentidos?

Con el asesoramiento de la Dra. Kristina Routh

Diseño de la colección: Laura Wood

Redacción de la colección: Jane Chisholm

Respuestas:
1. 26; 2. 206; 3. El glúteo mayor; 4. Oxígeno; 5. El lado izquierdo;
6. La vista, el oído, el olfato, el gusto y el tacto.